中國京劇經典臉譜

孫世良 繪
崇賢書院 編譯

第二冊

北京聯合出版公司

中國京劇經典臉譜

費德功

見於京劇《蚣蠟廟》。淮安土豪費德功在蚣蠟廟，見梁氏女貌美，強搶回家，逼婚不成，亂棍打死。褚彪與黃天霸之妻張桂蘭，及賀仁傑喬裝鄉民，故意來到費氏門前，費將張桂蘭搶去，張趁勢盜取費的寶劍、袖箭。黃天霸等人合力擒獲費德功。劇中費德功勾紫色碎花臉，紫色象徵凝重肅然、勇猛狠毒之性格，突出其稱霸一方、多行不義。此爲侯喜瑞先生舞臺譜式。

黃隆基

見於京劇《霸王莊》。黃隆基是德州皇糧莊頭，于七漏網後前來投奔，請黃替其兄報仇。黃請朱光祖前往行刺施公。不想反被天霸擒住，朱光祖投靠施公。次日，協助天霸去霸王莊，裏應外合擒住黃隆基。黃隆基臉譜爲藍尖花三塊瓦臉。寬眉、尖眼窩，額中圓光，黃色套紅，顯示出其凶狠奸詐、驍勇威煞、急躁火爆的性格。此爲侯喜瑞先生舞臺譜式。

第二冊　六十一

書香傳家

蔡天化

見於京劇《淮安府》。大盜蔡天化武藝超群，到處作惡。至淮安，盜取施公印信。施公命黃天霸等衆英雄訪查。賀仁傑探明印信所藏之處，將印盜回。黃天霸諸人合力將蔡天化拿獲。此譜爲白僧道臉，眼窩套畫紅點，表示其眼有疾患；眼窩下兩道黑紋犀利流暢，鼻尖上挑，更顯其威。此爲侯喜瑞先生舞臺譜式。

羅四虎

見於京劇《獨虎營》。順天府尹施仕綸路經山東，楊忠向其控訴惡霸羅四虎勾結官員，強娶民女。施公前往獨虎營查訪，被惡奴喬四騙入羅宅，險些遇難。幸好黃天霸及時相救，與施公手下合力擒住羅四虎。此譜爲勾白膛三塊瓦臉，尖眉、尖眼角，兩頰不暈粉紅，使人物目露凶光、面無血色，顯示出奸詐個性。此爲侯喜瑞先生舞臺譜式。

郝文

見於京劇《東昌府》。郝世洪之子郝文，出家三清觀，因表兄武天虬被害，欲代報仇，施世綸至東昌府私訪，被郝文所擒，黃天霸探知，夜入郝家，遇其妹郝素玉，佯與締姻，乘機擒住郝世洪，素玉逃走。劇中郝文勾黑白僧道臉，表現其半路出家且無大惡；眼窩略加紋飾而異於常規僧道，雙眉分岔高聳，顯示其怒目獰眉、復仇心切的性格，屬寓意性臉譜。此爲侯喜瑞先生舞臺譜式。

中國京劇經典臉譜

第二冊

六十二

書香傳家

袁世海舞臺臉譜集萃

廉頗

見於京劇《將相和》。藺相如因完璧歸趙有功，位在廉頗之上，廉頗不服，當衆多次辱之，藺幾次避讓，從人怨之，相如告以將相不和國之大難，廉頗悔悟，遂負荊請罪，將相乃和好。袁世海劇中飾演聲情並茂，感人至深，譜式設計符合人物性格，乃經典譜式。

曹操

見於京劇《群英會》。孫劉聯盟與曹操對峙於赤壁，曹操令蔣幹過江勸降，周瑜假借蔣幹之手盜去假書，使曹操誤殺水軍將領蔡瑁、張允。孔明草船借箭，周瑜苦肉計責黃蓋，黃蓋詐降曹操，龐統獻連環計，使曹軍戰船船船相連，以利東吳火攻。孔明算定甲子時東風定起，火燒戰船，曹兵大敗。譜式爲袁世海舞臺臉譜。

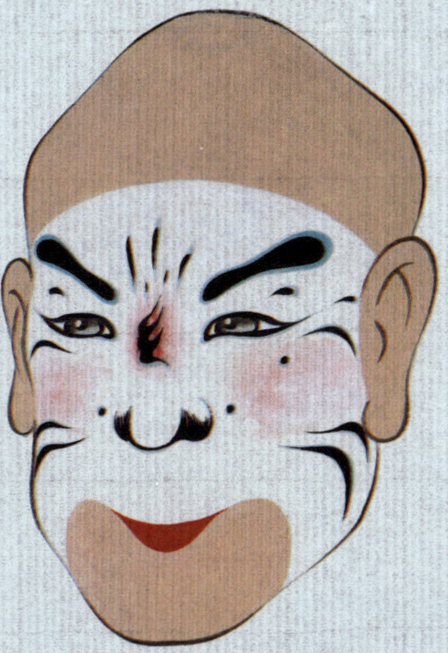

中國京劇經典臉譜

書香傳家

竇爾墩

見於京劇《連環套》。連環套寨主竇爾墩憶及前仇，暗入梁九公大營盜去御馬，嫁禍於仇家黃三太。梁知黃已故，調其子天霸，限令訪拿。黃喬裝鏢客，尋至連環套，故意拜山，探得御馬下落。朱光祖夜入山寨，插刀盜鉤，竇感其不傷己命，獻出御馬，隨黃到官領罪。譜式爲袁世海舞臺臉譜。

楊延嗣

見於京劇《金沙灘》。潘仁美誆太宗幽州瀏覽被困，遼天慶王於金沙灘設雙龍會，暗設伏兵邀宋王赴會，楊繼業知其有詐，命長子楊延平假扮宋王，並率衆隨之行，席間反目，大郎袖箭射死天慶王，遼兵四起，大郎、二郎、三郎戰死，四郎、八郎被擒，繼業八子僅五郎、六郎、七郎生還。宋王命五郎至五臺山搬請救兵，延德憤奸臣弄權衆兄弟慘死，毅然於五臺山削髮爲僧，繼業苦苦相勸，五郎矢志不歸。譜式爲袁世海飾演楊七郎舞臺臉譜。

張飛

見於京劇《古城會》。三國時，劉備、關羽、張飛於徐州戰敗離散，關羽保護甘、糜二夫人投曹操。後關羽得知劉備、張飛在河北古城，遂保甘、糜二夫人離曹尋兄，過五關，斬秦琪等大將，抵達古城，張飛疑其有詐，不肯收留。適秦琪之舅父蔡陽因秦琪被殺親率兵追來報仇，關羽奮力迎敵，斬蔡陽於古城郊外，兄弟釋疑，相會於古城，這是紅生戲中的代表劇目。譜式爲袁世海舞臺臉譜。

馬謖

見於京劇《斬馬謖》。孔明已知街亭失守，僅責王平二十軍棍。馬謖自知罪重，伏地請死。孔明雖惜馬謖，無奈軍法如山，乃問有何後事相托，馬謖請念老母年邁，予以厚待，孔明應允，揮淚下令斬之。回想劉備遺言「馬謖言過其實，終無大用」，後悔不已，上表自責，請貶武侯職位。此譜式爲袁世海舞臺臉譜。

西門豹

見於京劇《西門豹》。戰國時期，鄴郡守西門豹因巫覡勾結劣紳詐稱河伯娶妻，坑害百姓，乃於婚期親往河岸計沈巫覡、劣紳等人，救下百姓。此劇一九六三年由王頡竹、翁偶虹改編。此譜式爲袁世海舞臺臉譜。

魯智深

見於京劇《野豬林》。魯智深至東京，與林沖結識。太尉高俅子高世德遊廟，見林妻張氏美，與僕富安定計，因虞候陸謙與林爲友，囑邀林出外飲酒，暗誆張氏至家。高世德欲施無禮，使女錦兒奔告林，林至，高逃。陸謙又獻計高俅，假令人賣寶刀，使林買去；騙林持刀入白虎堂。高俅出，誣林行刺，押入獄中，旋發配至滄州。陸買通解差董超、薛霸途中加害，魯智深暗地跟蹤，至野豬林救林沖，驚解差。林沖又在草料場殺陸報仇。譜式爲袁世海舞臺臉譜。

中國京劇經典臉譜

第二冊

六十四

書香傳家

周處

見於京劇《除三害》。周魴之子周處自幼父母雙亡，恃勇力，使酒，欺凌鄉里，父老患之，與宜興猛虎、孽蛟併稱「三害」。宜興太守王濬到任，知周尚可勸教，喬妝老叟訪之，與周遇於途中，王濬以三害之說相諷諭，周處聞而悔悟，打虎、斬蛟，改行爲善。譜式爲袁世海舞臺臉譜。

郝搖旗

見於京劇《闖王旗》。明末農民起義軍李自成被困潼關，被迫至深山躲避，開荒屯墾，整軍練武，伺機再起。部將郝搖旗難耐艱苦，欲拉走人馬，引起衆將義憤。闖王胸懷坦蕩，妥善處理，送搖旗離去。後義軍得以壯大，再次聚集，集結各路人馬與闖王會和，痛殲來犯官軍大獲全勝。此譜式爲袁世海舞臺臉譜。

李逵

見於京劇《李逵探母》。宋代，梁山好漢李逵回家探母，路過普提寺想起幼年時的頑皮。李母自李逵離家後，因思念李逵哭瞎雙眼，又因受長子李達的虐待病疾纏身。李逵回到家中，見此情景悲憤交加，毅然背母同奔梁山。譜式爲袁世海舞臺臉譜。

張定邊

見於京劇《九江口》。北漢王陳友諒與吳王張士誠結爲姻好，約分兵夾攻金陵朱元璋，陳遣大將胡藍往姑蘇迎親，爲劉基設伏擒獲張子張仁，勸降胡藍，另命大將華雲龍冒充張仁赴陳處詐親。北漢元帥張定邊識破喬妝，向友諒苦勸不聽，反被罷職。陳友諒引兵襲金陵，在黎山中伏，全軍盡沒，華雲龍反戈追擊，幸張定邊假扮漁翁，在九江口駕舟接應，陳友諒方得脫險。一九五九年中國京劇院範鈞宏加以改編，袁世海飾張定邊。

牛皋

見於京劇《牛皋招親》。金國魔利支奉命攻打藕塘關，守關總鎮金節遣人向岳飛求救，岳飛命牛皋前往助陣，牛皋趁醉上陣，殺死魔利支大獲全勝。金節爲答謝牛皋，以姨妹戚賽玉相許，牛皋恐觸犯軍規不敢從命，岳飛趕至破例成全，洞房之夜牛、賽比劍聯句，極盡新婚之樂。譜式爲袁世海舞臺臉譜。

霸王

見於京劇《霸王別姬》。秦滅後，漢劉邦與西楚霸王項羽互爭天下。劉邦拜韓信爲元帥，圍項羽於垓下。張良又遍吹洞簫，命軍卒學作楚歌，聲韻淒涼。楚將楚兵聞之，皆動思鄉之念。一夜之間，盡行解散。項羽無奈，沖出重圍以圖再來。入帳與虞姬作別，項羽逞舉鼎拔山之勇，卒中韓信之計。勢促時窮，不得不割捨此愛妻，以免拖帶弱息之累。置酒與虞姬共飲，泣下數行，作歌以寄慨。虞姬亦歌而和之。黎明時，周蘭、恒楚，催促動身。虞姬明知百萬敵軍，斷非一弱女子所能出險，詐得項羽佩劍，立拼一死以斷情絲。項羽幸無後顧之憂，逃至烏江口，亭長駕船相迎，項羽不肯渡江。蓋自起義有八千子弟相從，至此無一生還，實無面目見江東父老，遂自刎焉。此譜式爲袁世海與梅蘭芳飾演項羽舞臺臉譜。

中國京劇經典臉譜

第二冊

六十六

書香傳家

程咬金

見於京劇《響馬傳》。尤俊達與程咬金既劫皇杠，尤詐稱母喪，以作遮掩。秦瓊親探武南莊，識破其詐，假奠祭爲名，盤搜不已，尤大窘，程咬金挺身而出，秦仗義允代擔當。縣官懼楊林之威，責備秦瓊。單雄信等在賈家樓祝壽，程見秦受責，再當衆自承，秦瓊劈牌燒批，以示決絶。會楊林引軍到歷城，秦知衆友無備，乃冒名故使楊擒去，不意程咬金亦來，被擒。秦又計誘楊林離境，三十六友大反山東，至瓦崗聚義。後楊林知中秦計，欲斬秦，秦以言激之，楊乃計擺惡陣，暗伏火炮、浮橋等，欲誆瓦崗群雄至此，一網打盡。秦瓊得王周之助，預先觀陣，默識於心，及瓦崗群雄到來，秦爲嚮導，合力破陣，大敗楊林。劇中袁世海飾演程咬金。

中國京劇經典臉譜

第二冊

六十七

書香傳家

翁偶虹秘藏臉譜集萃

顧讀

見於京劇《四進士》。嘉靖朝新科進士毛朋、田倫、顧讀、劉題四人出京爲官，因嚴嵩專權，共約赴任後不得違法瀆職，以報海瑞薦舉。時河南上蔡縣姚廷春妻田氏（田倫姊）謀產，毒死其弟姚廷美，又串通弟婦楊素貞之兄楊青，將素貞轉賣布商楊春爲妻。素貞知而拒，遇毛朋私訪，楊春亦憫素貞遭遇，撕毀身契，願代鳴冤，毛乃代寫狀紙，囑赴信陽州控告。素貞與楊春失散，遇惡棍，爲被革書吏宋士傑所救，認爲義女，携至州衙告狀，田氏得訊，逼弟巡按田倫代通關節；田令差役送書及賄賂與信陽知州顧讀，夜寓宋士傑店中，宋偷窺其信文。顧讀見書徇情，反釋被告，押禁素貞，宋士傑不平，質問，被杖責逐出。遇楊春，乃教往巡按處上控，毛朋接狀，宋士傑作證，田、顧、劉均以違法失職問罪，毛朋判田、姚死罪，爲素貞雪冤。譜式爲袁世海舞臺臉譜。

魏延

見於《戰長沙》。翁偶虹先生生前繪製臉譜頗巨，世間流傳甚微，生前受贈臉譜手筆者不過寥寥幾人，臨終曾贈譜者衹有三人，大弟子田有亮先生、弟子張景山先生、摯友張寶泉先生，余偶窺張寶泉先生秘藏翁先生所繪《戰長沙》之魏延真跡，仰慕與奮之際摹繪，小有原意，以不辱翁門之譽。

晋劇郭光清

晋劇荊軻

晉劇須賈

中國京劇經典臉譜

第二冊

六十九

書香傳家

晉劇秦武楊

孫悟空

見於京劇《安天會》。此譜爲翁偶虹先生藏楊小樓譜式。

李元霸

見於京劇《晉陽宮》。此譜爲翁偶虹先生藏楊小樓譜式。

中國京劇經典臉譜

第二冊

書香傳家

高登

見於京劇《艷陽樓》，又名《拿高登》。此譜爲翁偶虹先生藏楊小樓譜式。

姜維

見於京劇《鐵籠山》。此譜爲翁偶虹先生藏楊小樓譜式。

猩猩膽

見於京劇《摩天嶺》。此譜爲翁偶虹先生藏楊小樓譜式。

敖唐

見於《同命鳥》。翁偶虹先生獨創臉譜。

沐英

見於京劇《百涼樓》。此譜爲翁偶虹先生藏譜。

葛嶸

見於《比翼舌》。翁偶虹先生獨創臉譜。

鞠青

見於《杜鵑紅》。翁偶虹先生獨創臉譜。

中國京劇經典臉譜

張興德

見於《美人魚》。翁偶虹先生劇目臉譜。

嚴年

見於《鴛鴦淚》。翁偶虹先生獨創臉譜。

書藝傳家

孫履真

見於《十二塹》。翁偶虹先生劇目臉譜。

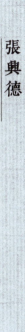

盧奇

見於《罵錦袍》。翁偶虹先生劇目臉譜。

關平

見於京劇《無底洞》。此譜爲翁偶虹先生藏譜。

盧林

見於《鳳雙飛》。翁偶虹先生劇目臉譜。

書香傳家

貓神

見於京劇《無底洞》。此譜爲翁偶虹先生藏譜。

中國京劇經典臉譜

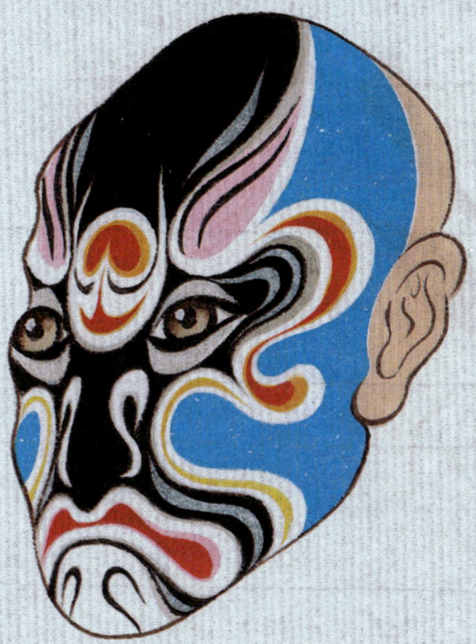

蒼鼠

見於京劇《無底洞》。此譜爲翁偶虹先生藏譜。

墨鼠

見於京劇《無底洞》。此譜爲翁偶虹先生藏譜。

絳鼠

見於京劇《無底洞》。此譜爲翁偶虹先生藏譜。

青鼠

見於京劇《無底洞》。此譜爲翁偶虹先生藏譜。

書香傳家

撲燈蛾

見於昆曲《盜玉燭》此劇爲清代宮廷戲，全本爲《玉燭記》，《盜玉燭》是其中一折，是説一名窮書生篝火夜讀，偶有飛蛾撲火，便輕輕揮去，免其投火，感動了飛蛾精靈，盜來光明佛的萬年玉燭，爲書生奮讀照明，後來書生一舉成名。

譜式畫蛾形，填銀色膛，以銀色襯托彩蛾，以顯神奇，屬象形性臉譜，摹自翁偶虹先生藏譜。

包拯

見於京劇《赤桑鎮》。此譜爲翁偶虹先生藏譜，張景山先生供譜。

韓昌

見於京劇《打韓昌》。此譜爲翁偶虹先生藏譜，張景山先生供譜。

書系傳家

李逵

見於京劇《丁甲山》。此譜爲翁偶虹先生藏譜，張景山先生供譜。

葉宗滿

見於京劇《大紅袍》。此譜爲翁偶虹先生藏譜，張景山先生供譜。

姚期

見於京劇《草橋關》。此譜爲翁偶虹先生藏譜，張景山先生供譜。

姚剛

見於京劇《上天臺》。此譜爲翁偶虹先生藏譜，張景山先生供譜。

張順

見於京劇《鬧江都》。此譜爲翁偶虹先生藏譜，張景山先生供譜。

書香傳家

曹仁

見於京劇《金鎖陣》。此譜爲翁偶虹先生藏譜，張景山先生供譜。

單雄信

見於京劇《鎖五龍》。此譜爲翁偶虹先生藏譜，張景山先生供譜。

欧鵬

見於京劇《菊花宴》。此譜爲翁偶虹先生藏譜，張景山先生供譜。

宇文成都

見於京劇《南陽關》。此譜爲翁偶虹先生藏譜，張景山先生供譜。

荊軻

見於晉劇《匕首劍》。爲《偶虹室秘藏臉譜》第四函藏品。

馬武

見於梆子《光武興》。根據《偶虹室秘藏臉譜》第四函藏品整理。

楊麼

見於梆子《洞庭湖》。根據《偶虹室秘藏臉譜》第四函藏品整理。

劉唐

見於京劇《琵琶亭》。根據《偶虹室秘藏臉譜》第四函藏品整理。

小妖

見於京劇《五花洞》。根據《偶虹室秘藏臉譜》第四函藏品整理。

楊七郎

見於京劇《撞幽州》。根據《偶虹室秘藏臉譜》第四函藏品整理。

中國京劇經典臉譜

第二冊　八十一

書香傳家

蠍子精

見於京劇《混元盒》。根據《偶虹室秘藏臉譜》第三函藏品整理。

臭蟲

出自《拿臭蟲》。根據《偶虹室秘藏臉譜》第三函藏品整理。

中國京劇經典臉譜

第二冊　八十二

書香傳家

巴豆

出自《草木春秋》。根據《偶虹室秘藏臉譜》第三函藏品整理。

崇樊

出自《敗赤眉》。根據《偶虹室秘藏臉譜》第三函藏品整理。

蠱王

出自《端午驅毒》。根據《偶虹室秘藏臉譜》第三函藏品整理。

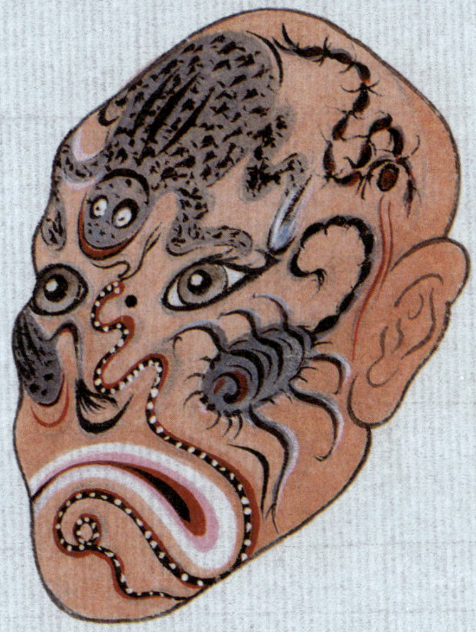

風月和尚

出自《風月寺》。根據《偶虹室秘藏臉譜》第三函藏品整理。

中國京劇經典臉譜

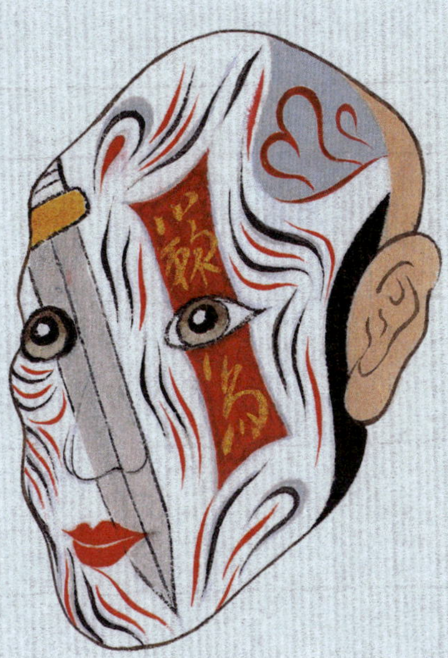

干將神

出自《飛劍記》。根據《偶虹室秘藏臉譜》第四函藏品整理。

鶴精

出自《石鶴記》。根據《偶虹室秘藏臉譜》第四函藏品整理。

管園老人

出自《石鶴記》。根據《偶虹室秘藏臉譜》第四函藏品整理。

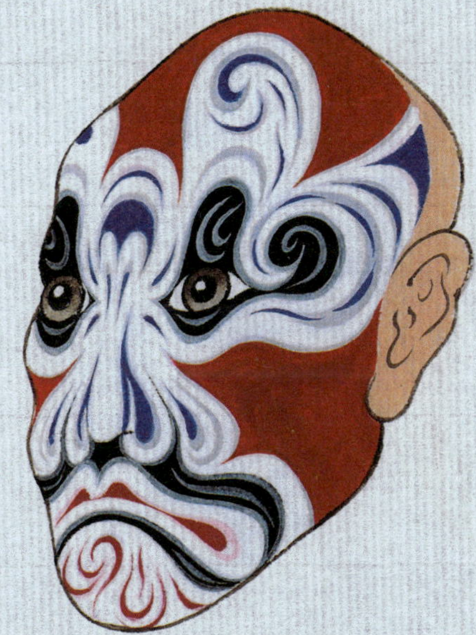

紅山藥

出自《草木春秋》。根據《偶虹室秘藏臉譜》第三函藏品整理。

第二冊　八十三

書香傳家

胡匋

出自《十丈樓》。根據《偶虹室秘藏臉譜》第四函藏品整理。

大鬼

見於京劇《滑油山》。根據《偶虹室秘藏臉譜》第三函藏品整理。

火雞精

出自《九曜山》。根據《偶虹室秘藏臉譜》第三函藏品整理。

紀靈

見於京劇《射戟》。根據《偶虹室秘藏臉譜》第三函藏品整理。

假天師

出自《九花洞》。根據《偶虹室秘藏臉譜》第四函藏品整理。

蛟木王

見於京劇《水簾洞》。根據《偶虹室秘藏臉譜》第四函藏品整理。

角木蛟

出自《二十八宿》之一。根據《偶虹室秘藏臉譜》第三函藏品整理。

金光豹

出自《五虎臺》。根據《偶虹室秘藏臉譜》第四函藏品整理。

中國京劇經典臉譜

金眼豹

見於京劇《百草山》。根據《偶虹室秘藏臉譜》第四函藏品整理。

孟虎

出自《大破孟州》。根據《偶虹室秘藏臉譜》第四函藏品整理。

盔怪

出自《伏魔庵》。根據《偶虹室秘藏臉譜》第三函藏品整理。

牛溫

出自《戰九邱》。根據《偶虹室秘藏臉譜》第三函藏品整理。

第二冊　八十六

書香傳家

判官

出自《鬧酆都》。根據《偶虹室秘藏臉譜》第三函藏品整理。

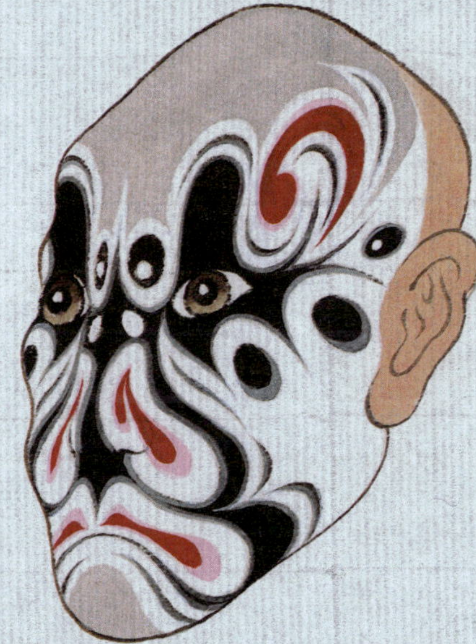

錢王

出自《射湖》。根據《偶虹室秘藏臉譜》第三函藏品整理。

中國京劇經典臉譜

第二冊

八十七

書香傳家

邱疆

出自《白龍湖》。根據《偶虹室秘藏臉譜》第三函藏品整理。

大鬼

見於昆曲《勸善金科》。根據《偶虹室秘藏臉譜》第三函藏品整理。

日游神

出自《麒麟記》。根據《偶虹室秘藏臉譜》第三函藏品整理。

中國京劇經典臉譜

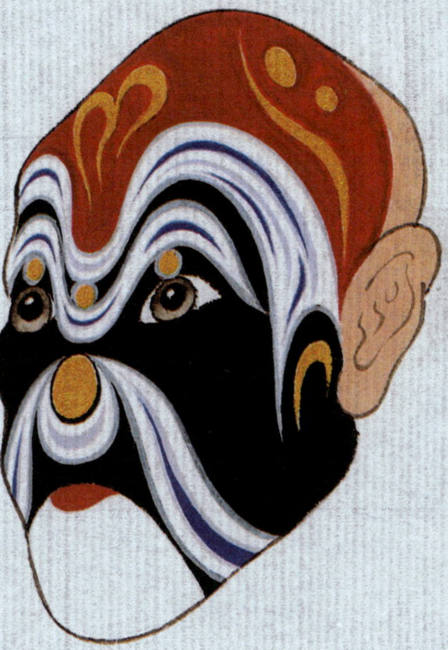

室火豬

出自《二十八宿》之一。根據《偶虹室秘藏臉譜》第三函藏品整理。

生黃芪

見於京劇《草木春秋》。根據《偶虹室秘藏臉譜》第三函藏品整理。

書香傳家

魔王

見於《妝四魔》。根據《偶虹室秘藏臉譜》第四函藏品整理。

太史慈

見於京劇《神亭嶺》。根據《偶虹室秘藏臉譜》第三函藏品整理。

中國京劇經典臉譜

蛙太監

出自《茉花宮》。根據《偶虹室秘藏臉譜》第四函藏品整理。

跳判判官

出自《跳判》。根據《偶虹室秘藏臉譜》第三函藏品整理。

第二冊　八十九

書香傳家

五雲神

出自《五壽圖》。根據《偶虹室秘藏臉譜》第四函藏品整理。

中國京劇經典臉譜

第二冊

九十

書香傳家

蠍虎精

見於京劇《五花洞》。根據《偶虹室秘藏臉譜》第四函藏品整理。

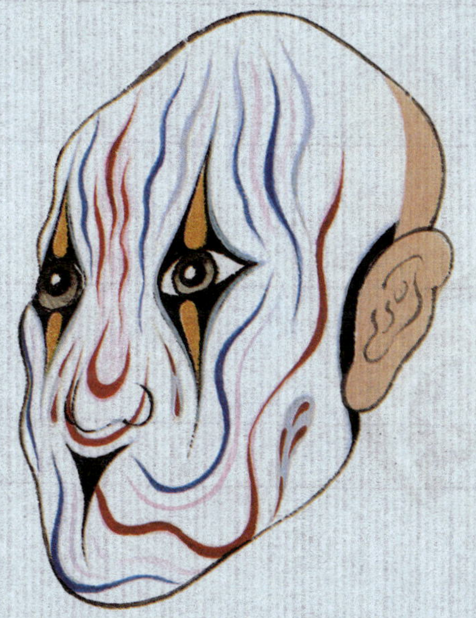

翼火蛇

出自《二十八宿》之一。根據《偶虹室秘藏臉譜》第三函藏品整理。

醜判官

出自《陰陽橋》。根據《偶虹室秘藏臉譜》第四函藏品整理。

趙武靈王

出自《沙邱宮》。根據《偶虹室秘藏臉譜》第三函藏品整理。

真武帝

出自《真武廟》。根據《偶虹室秘藏臉譜》第四函藏品整理。

蜘蛛精

出自《五虎臺》。根據《偶虹室秘藏臉譜》第四函藏品整理。

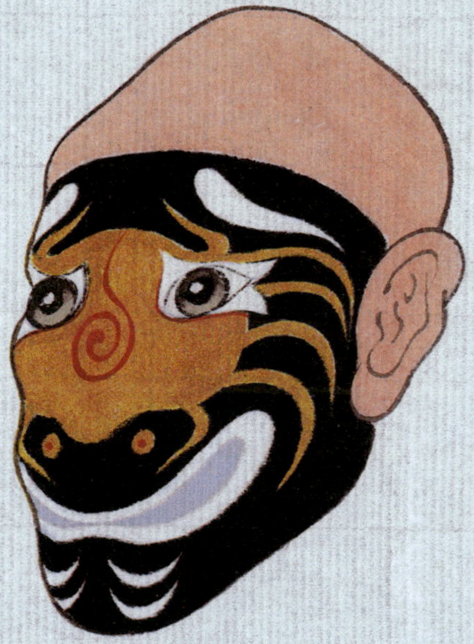

中國京劇經典臉譜

第二冊

九十一

福壽萬年青

此圖構思巧妙，運筆細膩，以壽字爲背景。上畫萬年青一棵，下配海水，雙魚象徵年年有餘，兩側畫蝙蝠以取福字諧音，即有福有壽。壽字兩邊畫十二生肖臉譜，中間畫福祿壽臉譜，整體嚴謹，清新明快，寓意祥和喜慶。

福財雙至

福財雙至

此圖構圖新穎別致，上畫一隻蝙蝠，形中畫蝙蝠臉譜，有福中套福之寓意，蝙蝠下叼錢，錢中有招財進寶字樣，下墜元寶、翠珠、紅穗，兩側有彩帶。圖中畫五路財神，肖昇、曹寶、陳九公、姚少司、趙公明臉譜五幀，有吉祥之意。

五福生肖圖

此圖譜畫相映，以圓成形。畫心周邊有五福，中間大桃寓意為壽，外邊圈畫十二生肖臉譜，並配有生肖印章。臉譜生動細膩，色調明快，構圖新穎別致。

京劇十盜臉譜

此圖以圓成圖，臉譜錯落排列，頗有新意，極富裝飾性，可謂傳統與現代美術結合之作。

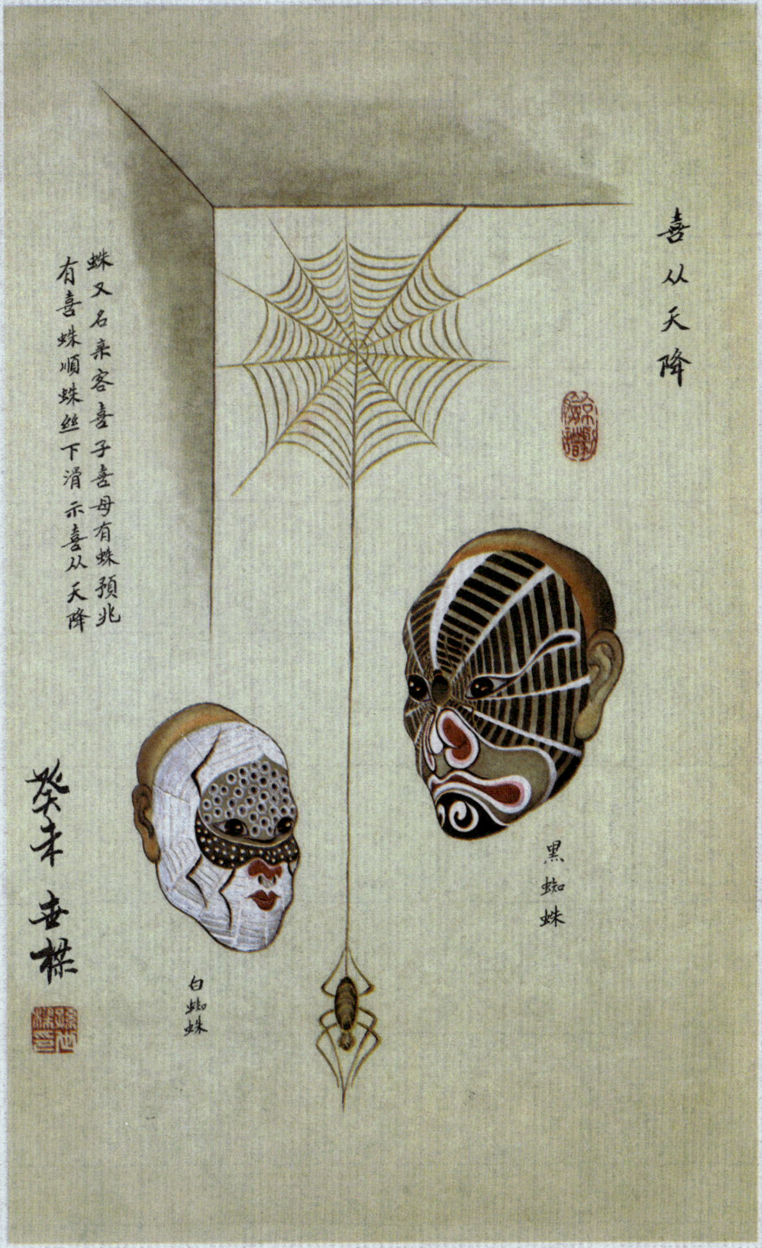

喜從天降

構圖獨到、簡練，寓意深刻。兩幀臉譜爲黑、白兩個蜘蛛，上角畫絲網下滑一形象蜘蛛，寓意喜從天降，蛛素有喜蛛之説。

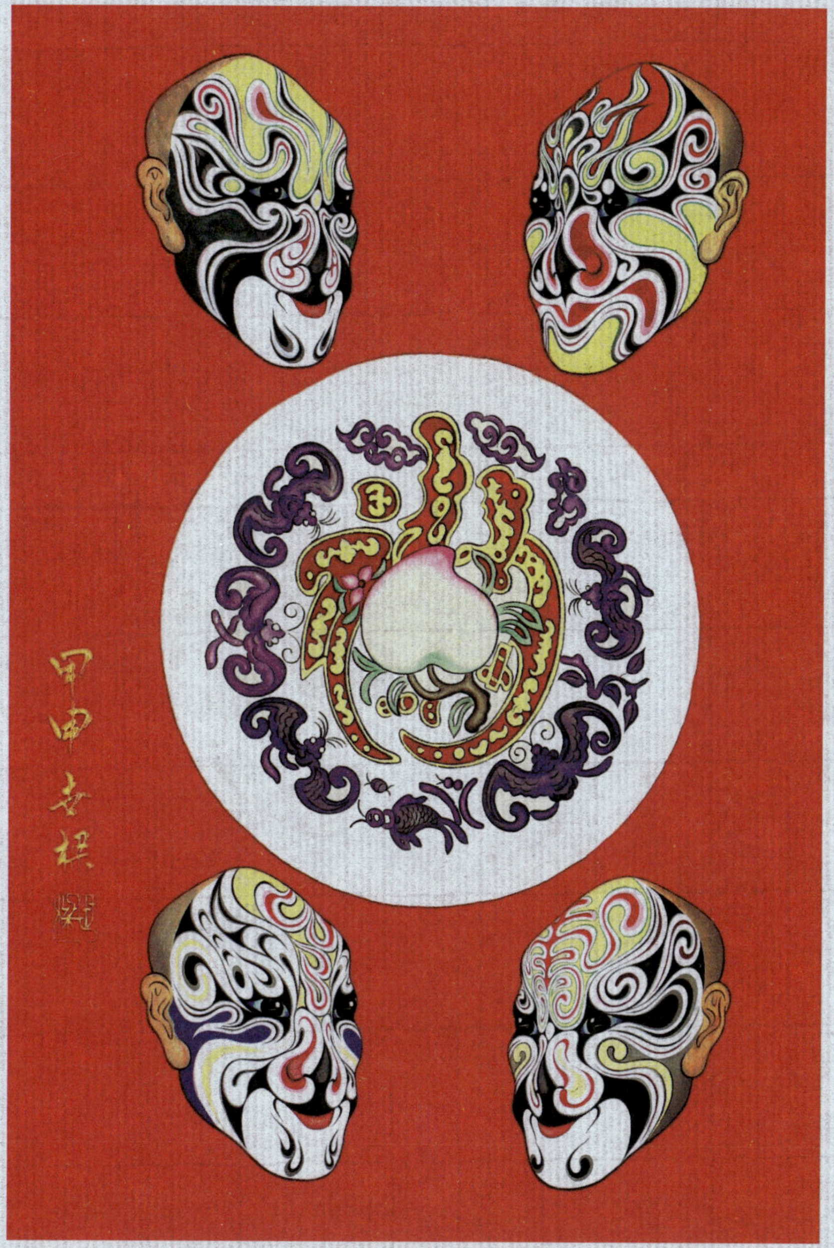

五福如意

此圖色澤鮮艷，以大紅爲底，頗有喜慶之感。白心紅福，周邊畫五福，四個大臉譜單擺浮擱，不落俗套。四臉譜爲魔家四將魔禮青、魔禮紅、魔禮海、魔禮壽，即風、調、雨、順。

雙福

紅斗方金福字倒寫，即「福到」之意。上下畫雙蝠，寓意深刻。下畫財神，有財運亨通、福在眼前之意。

招財神

一個大正臉財神臉譜，細膩有神，背後襯大紅招財進寶圖樣，構圖簡練明快，又有寓意。俗中見雅，頗顯大氣。

中國京劇經典臉譜

第二冊

九十五

書香傳家

五財神五福圓圖

以圓成圖，底色清新，内畫五財神、五蝠及判官臉譜。判官有福判之說，全圖即具傳統意味，又有裝飾性。

福字組圖

以傳統斗方紅色福字爲構圖背景，內畫不同顏色臉譜二十一幀，是傳統臉譜的組字圖。

中國京劇經典臉譜

第二冊

九十六

書香傳家

福祿平安

葫蘆諧音即福祿，此圖構思獨具匠心，用葫蘆瓶畫三色葫蘆臉，包括劉唐、孟良、葫蘆大王。葫蘆瓶立體逼眞，臉譜喜興和諧，頗有福祿滿堂之意境。

招財進寶五財神

此圖書畫結合，上畫紅色招財進寶書法字，下配五路財神臉譜，寓意和諧喜慶。

書香傳家

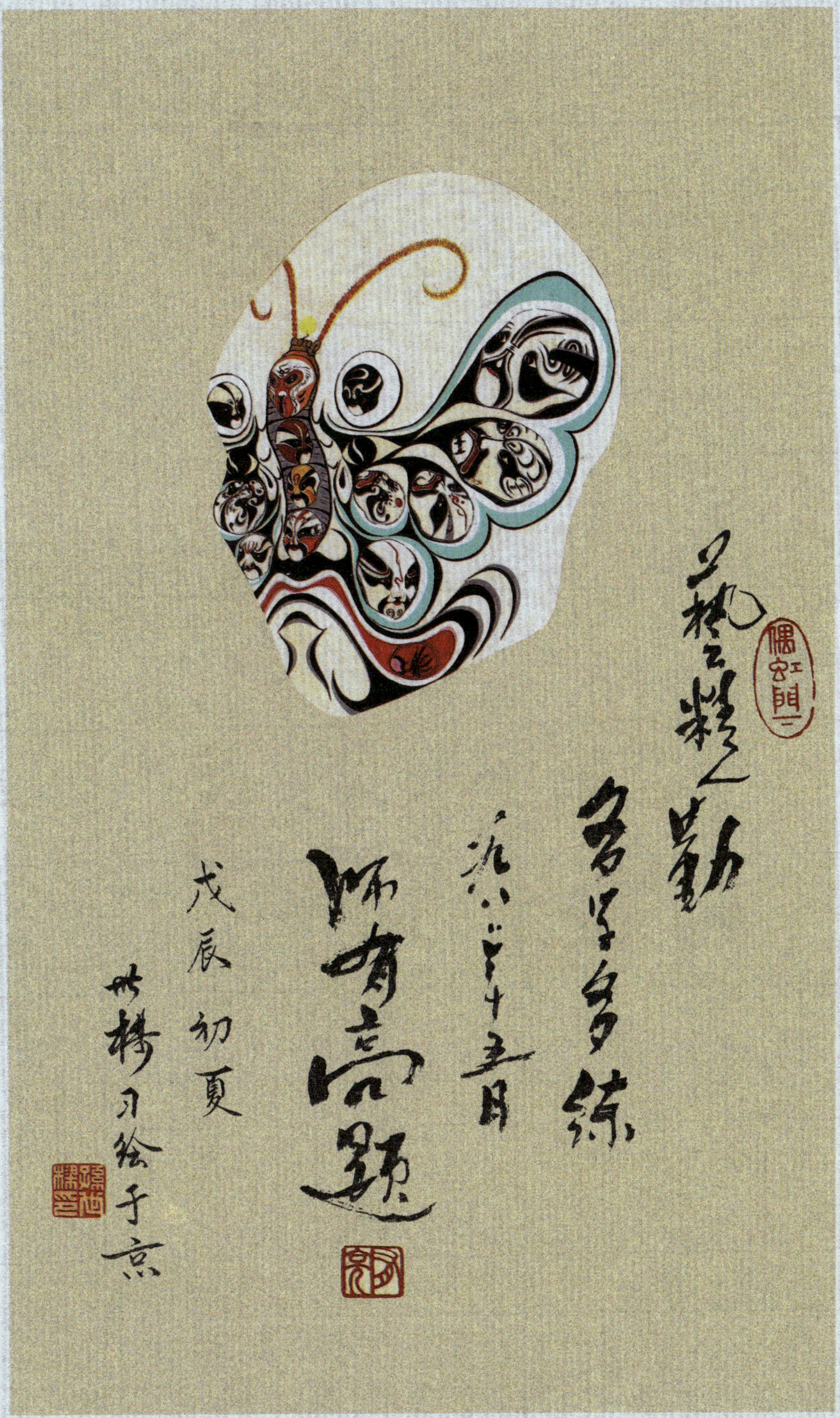

蝴蝶臉

此譜是在白蝴蝶臉譜中，填畫應色臉譜，可稱「譜中譜」，設計新穎獨到。

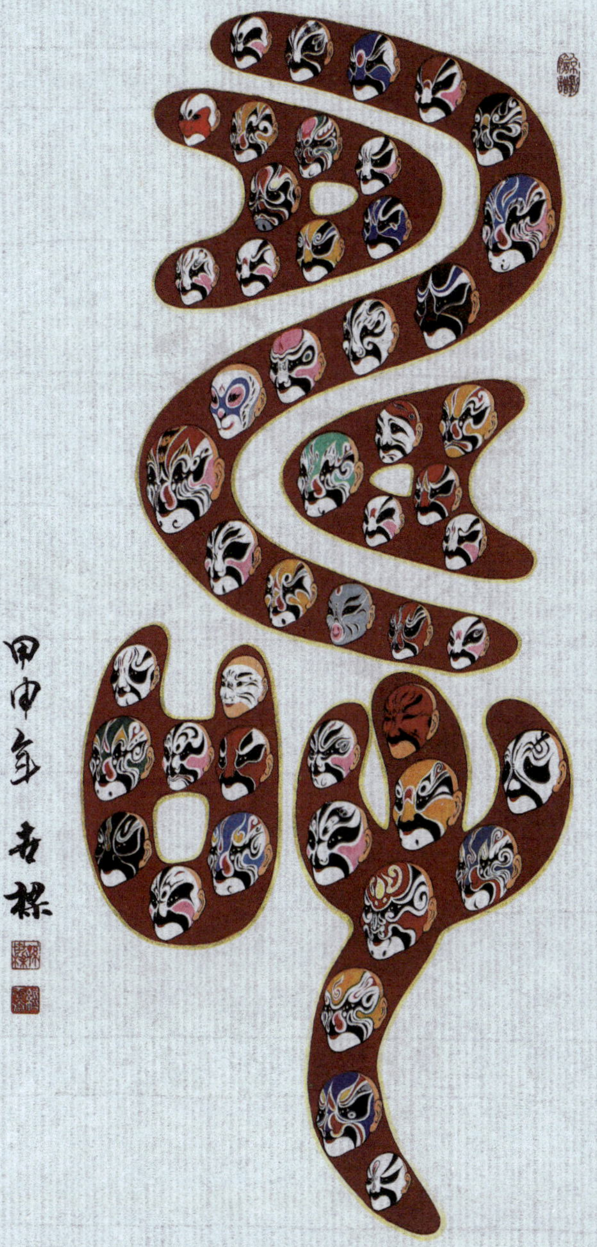

大篆壽字組圖

以大篆的壽字爲圖形，内填各色臉譜近五十幀，排列舒展均匀，臉譜大小適度，工整完美，有古樸典雅之感且新穎獨到，不落俗套。

書香傳家

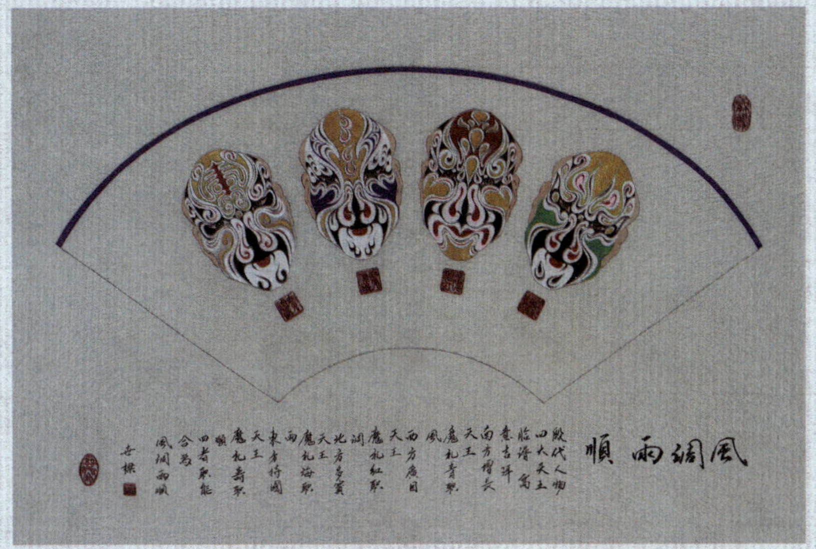

風調雨順

殷代人物四大天王臉譜寓意吉祥。南方增長天王魔禮青職風；西方廣目天王魔禮紅職調；北方多寶天王魔禮海職雨；東方持國天王魔禮壽職順。四者職能合爲風調雨順。

福壽財鍾馗

此圖周邊用藍青畫轉角如意花邊，中心以紅底斗方寫金色倒福。寓其福到之意，四角畫蝙蝠、魔禮壽、財神、鍾馗四譜，以取福壽財到、祥瑞平安之意。

四四平安

以京劇臉譜四天王、四天君、四星斗及福祿壽禧四神，借四四爲憑，中間配瓦當龍紋圖案成圖，以取四四平安之意。

中國京劇經典臉譜

第二冊

九十九

書香傳家

名家神韻

京劇武生行當以楊小樓先生爲最，此圖中間爲楊小樓先生飾演關公之態，左右分别爲花臉名家錢金福先生飾演之（右起）典韋、張飛、周倉、夏侯淵。此圖系臉譜名家高榮奎先生親授指點，臨摹成作。隋唐人物（左下圖）（右起）來護、宇文成都、李密。

隋唐人物

（右起）來護、宇文成都、李密。

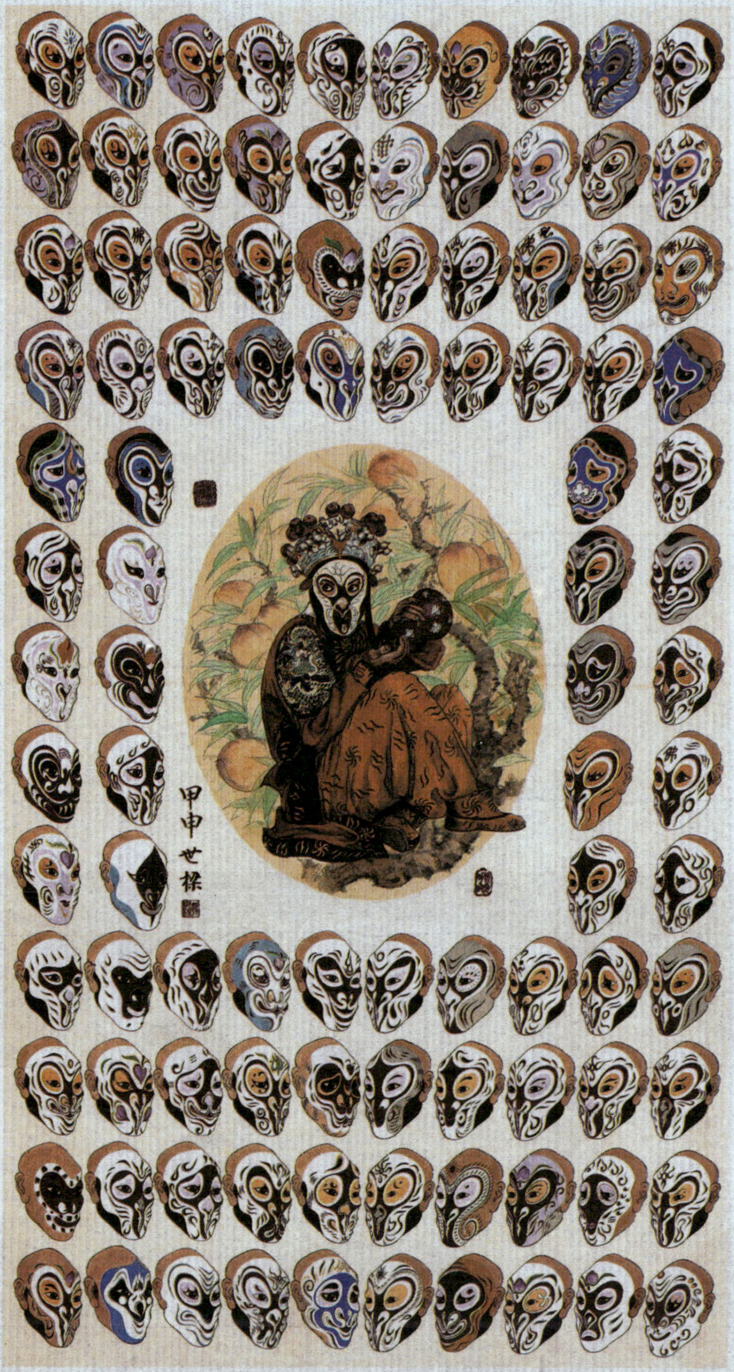

百猴圖

此圖是根據老師田有亮先生整理劇繪的百猴重新設計，中間加畫李少春派《盜金丹》人物畫，使整個猴圖更加豐滿。圖中猴的臉譜除京劇、昆曲外，還有地方戲及名家流派臉譜。

中國京劇經典臉譜

第二冊

一〇〇

書香傳家

四海龍王

四海龍王戴盔飾髯口臉譜，畫工細膩傳神，用色鮮艷明快，是頗顯古樸大度之作。譜式得自高榮奎先生藏本並臨摹成畫。

東海龍王

西海龍王

北海龍王

中國京劇經典臉譜

第二冊

一〇二

書香傳家

南海龍王

劉利華

此圖摹畫張春華先生三岔口劇照，屬小寫意加工筆，筆鋒細膩傳神，頗見舞臺效果。

中國京劇經典臉譜

第二冊

一〇三

書香傳家

美猴王

此圖畫半身戴盔飾美猴王臉譜，盔飾寫意，臉譜工筆，形象逼真。臉譜乃李少春派的「倒葫蘆」，筆鋒有力，譜式規範，可稱佳作。

曹操

此圖屬寫意之作，乃侯喜瑞先生《戰宛城》之像，形神兼備，譜式規範，頗見侯派神韻。

甲申 世棵

中國京劇經典臉譜

第二冊

一〇四

書香傳家

張飛七戲圖

此圖乃師爺翁偶虹先生所遺扇面，經恩師田有亮先生傳繪於我。七出戲不同，張飛臉譜不同，盔飾扮相不同，此七譜基本遵原稿摹繪，沒有走樣，曾得到老師的肯定。（翁偶虹先生扇面真跡現被北京戲曲博物館收藏。）

張飛七戲圖之一打曹豹

張飛七戲圖之三戰馬超

中國京劇經典臉譜

第二冊

一〇五

書香傳家

張飛七戲圖之二博望坡

中國京劇經典臉譜

第二冊

一〇六

書香傳家

張飛七戲圖之四古城會

張飛七戲圖之五蘆花蕩

張飛七戲圖之七造白袍

中國京劇經典臉譜

第二冊

一〇七

書香傳家

張飛七戲圖之六回荊州

書香傳家系列叢書簡介

經

《詩經》

「關關雎鳩，在河之洲，窈窕淑女，君子好逑」描繪了人世間最眞摯的愛情；「碩鼠碩鼠，無食我黍」表達了對不勞而獲的剝削者最深刻的厭惡；「知我者謂我心憂，不知我者謂我何求」抒發了對國家興亡最深切的憂慮。這些我們耳熟能詳的詩句，都出自《詩經》。《詩經》位居儒家「五經」之列，其文學價值是無需多言的。作爲中國史上第一部詩歌總集，它的內容極爲宏大豐富，刻畫了淳樸的風俗，讚揚了英勇的戰士，歌頌了神聖的祖先，記述了眞實的歷史。這裏有懇切的批評，又有委婉的諷喻；有樸實的話語，又有華美的辭章；有直率的表達，又有微妙的思緒。孔子說：「不學《詩》，無以言」，這些璀璨的詩句依然是中國人今天抒發情感時無法超越的形式，它們朗朗上口、雋永豐沛。在幾千年後的今天，讓我們依舊能與華夏先民呼吸相聞，感受一種跨越千年的浪漫。「腹有《詩》《書》氣自華」，祇有讀了《詩經》，才知道什麼是文明而化。

《周易》

《周易》可以說是中國古老經典中的經典，它的作者據說是周文王姬昌，其在伏羲八卦基礎上推演而成，後來又經過孔子的修訂，直到現在，已有三千多年的歷史。很多人都認爲《周易》是一部用來占卜算命的書，這確實僅是它的功能之一，在生產力落後的前科學時代，它相當於一個簡單的搜索引擎，凡有疑難之事，都可以通過《周易》的指引，找到解決的辦法。但是，到了科學昌明的今天，《周易》的義理依然不朽，祇是其占卜算命功能已經大大地被弱化。它真正吸引人們的是它對歷史、民俗、文學、哲學、政治、中醫藥學等各個領域的兼容與覆蓋，可以說，《周易》通過陰陽、性象的變化來闡述生命的學問、宇宙的真理、智慧的源泉、社會的規律，用卦爻符號和爻辭，構成了一個神秘的文化殿堂，描述了中華古人對於宇宙奧秘和生命密碼的獨特認識，這也是我們今天讀《周易》的意義所在，它能夠讓我們透過紛繁複雜的表面，直接看透背後的本質。

《論語》

假設孔子讓班長子路建立一個班級群，把曾子、顏淵、子夏、子貢等人都拉進去，大家不但可以在群裏直接討論問題，還可以在彼此的朋友圈互相評論。於是有人選取了聽課中最有用、有趣、有意義的內容，整理成一本書，就叫《論語》。孔子感嘆「沒人瞭解我」，卻告訴學生「別怕沒人瞭解你，只怕自己沒本事」。他的一生是充滿失意和詩意的，他的思想主張不被當世爲政者所接受，但他「一以貫之」「不怨天，不尤人」「下學而上達」，以文化傳承爲使命，開私學之先河，創立了儒家學派。孔子自稱「述而不作」，只講課不創作，他編的六種教科書，主要材料也來自古代文獻，被稱爲「六經」。所以，記錄孔子言行的《論語》，反倒保存了原汁原味的孔子學說。《論語》中的孔子，不衹是莊嚴的至聖先師，更是一個有喜怒哀樂情感的教書先生。他會誇勤奮、聰明的學生，會罵懶惰、頑固的弟子，高興了會唱歌，傷心了會哭泣。閱讀《論語》，可以從中獲得思想的啟迪、人格的提升、情感的激勵，以及文學的享受，它是每一位中國人的必讀之書。

《孟子》

說起儒家思想，必定繞不開「孔孟之道」。這裏的「孟」，就是被尊爲「亞聖」的孟子。與一般「溫良恭儉讓」的儒生形象不同，孟子留給人們的印象更多是剛毅、自信和執著，這些特質在他和弟子所著的《孟子》中都得到了展現。《孟子》在南宋後被作爲「四書」之一。讀起來很好玩，因爲里面大部分都是小故事、小對話，而書中孟子的形象也非常鮮明、立體，就像是生活在我們身邊的一位倔強、驕傲而善辯的小老頭。很多時候，他會玩兒一些「套路」，讓談話對象掉入自己事先挖好的「坑」裏，最後逼得對方衹能「顧左右而言他」，他還會通過裝病來表達自己的不滿，就像個跟人賭氣的孩子一樣。當然，我們讀《孟子》的意義絕對不止於此，它之所以過了兩千多年仍被奉爲經典，是因爲孟子對「修身、齊家、治國、平天下」進行了透徹的闡述，讓我們在讀過之後能夠擁有強大的內心，能夠有所爲有所不爲，能夠有所捨有所得，這不僅對每個人的生活和工作有著重要的指導意義，對於我們弘揚優秀傳統文化、實現國家的文化自信也大有裨益。

史

《山海經》

有一種草可以治療抑鬱，有一種魚喫了就不再畏懼打雷，有一種樹見到就不會迷路，有一種獸甚至可以喫掉龍，它們都是什麼呢？這是一部記載了「五方之山」「八方之海」「珍寶奇物」的古代實用地理書。該書刻畫了「鯀禹治水」「女媧造人」「夸父逐日」的神話故事，也有對於顓頊和黃帝的很多記述，被稱爲「古之語怪之祖」。在魯迅筆下，這是阿長心心念念送他的禮物，其中包含上古時期的地理、歷史、神話、天文、動物、植物、醫學、宗教以及人類學、民族學、海洋學和科技史等知識。在紀曉嵐編纂的《四庫全書總目提要》中，它是地理書的首要，還被稱之爲最古的小說。它甚至是一些誌怪和盜墓小說中怪事、怪物的總來源、總發端，「紅毛犼」「錦鱗蚺」甚至「痋術」等，已經是年輕人熟悉的神獸。這就是《山海經》，一部誕生於遠古時期、極富想象力的驚世駭俗之作。它的奇詭玄妙，使今天的年輕人腦洞大開，啟發人們體悟天、地、人、神、獸、怪的無窮奧秘。讀《山海經》，去探尋遠古時期影響思想觀念的洪荒之力，去求索華夏五千年文明的初心與神秘。

《史記精華》

《留侯世家》記載，破落貴族張良偶遇圯橋老人，得到《太公兵法》，學成後輔佐劉邦，「爲王者師」。他與眾將談論《太公兵法》，沒人聽得懂；劉邦聽了，卻能善用其策。張良說：「大概沛公是上天授命之人啊！」《史記》既是史書，又是一部政論集。政論家寫文章大多引經據典，司馬遷著《史記》是用更完備的史料論證自己的觀點。所以說司馬遷的偉大，不祇是記載了黃帝至漢初的歷史，而是在於他「究天人之際，通古今之變，成一家之言」。這「一家之言」，說的就是他的人生觀、歷史觀、宇宙觀。他信命而不認命，自強不息，具有悲天憫人的情懷。所以他借「圯橋進履」的傳說，證明劉邦是眞命天子，卻又敢於對劉邦等得天命者犯下的錯誤提出批評，對懷才不遇、蒙受冤屈的人則報以同情。《史記》全書一百三十篇，五十二萬餘字，《史記精華》從中擷萃名篇，既不辜負太史公的良苦用心，又能讓今人感受輕鬆愉悅的閱讀體驗，從歷史的興亡中體悟天道與人事，品味「無韻之離騷」。

《資治通鑒精華》

孟子說：「孔子成《春秋》而亂臣賊子懼。」《春秋》大義，被歷代史家奉爲法則。唐末五代，藩鎮割據，天下大亂，人心不安。在那個兵強馬壯者就能當皇帝的時代，誰會在乎倫理與秩序？整個社會都迷失了方向。北宋建立後，結束了國家分裂的局面，人心思定，所以史家想要借《春秋》大義重建社會價值體系。先有歐陽修的《新五代史》，後有司馬光的《資治通鑒》。一部《資治通鑒》，二百九十四卷，三百多萬字，以編年體的形式展現了戰國至五代時期一千三百餘年的歷史。若你無暇通讀全書，又想有所涉獵，卻無從下手，《資治通鑒精華》就是爲你指點迷津、得以一窺這部史學巨著之端倪的捷徑。因爲本書所選篇目緊扣原典的主旨，以治亂興衰為借鑒，以大義名分為原則，涵蓋了歷代的主要大事件。在這個日新月異、信息爆炸的變革時代，你有沒有迷失方向？不妨嘗試從歷史中探尋安身立命之道。閱讀本書，上可以參悟人生、明白得失，中可以洞悉人心、增長閱歷，下可以充實學識、增加談資。

子

《六韜·三略》

很多人一提起「兵法」，首先想到的往往是《孫子兵法》《三十六計》，卻不知道《六韜·三略》絲毫不遜於前兩者。嚴格說來，《六韜》《三略》是兩本書。《六韜》作者是被譽為「兵家之祖」的呂尚，也就是大名鼎鼎的姜子牙。《三略》的作者則是「張良拾履」故事裏的那位神秘老人黃石公。自古以來，《六韜·三略》就被譽為「兵家權謀之祖」，姜子牙靠它輔佐武王興周滅紂，張亮靠它幫助劉邦定咸陽、滅項羽，建立西漢王朝。有人說《六韜·三略》這樣的兵法只適合在古代使用，這是大錯特錯的。因為即使到了今天，也仍然有很多企業管理者把《六韜·三略》奉為經典，並將它用於商業競爭、企業管理。雖然這是一本兵書，但它卻可以讓人擁有細緻的邏輯思維能力，學會如何從全局進行運籌和謀劃，學會如何鑒別和使用人才。就算是普通人，也可以在讀通《六韜·三略》之後，在自己的生活和工作中找準方向，實現最大的價值。

《孫子兵法》

在中外歷史上，有多少戰績輝煌的名將，隨著時間的推移，全都逐漸被遺忘了，但被稱爲「東方兵學鼻祖」的孫子以及他的《孫子兵法》，不僅沒有被忘卻，反而越發引起了人們的重視和崇敬。

《孫子兵法》自誕生至今已有兩千多年，在古代，它被廣泛地應用於戰爭，包括戰略戰術的製定、情報的搜集、戰區的選擇、攻防的轉換、作戰時機的選擇等；到了以「和平」爲主旋律的今天，全世界範圍內，《孫子兵法》都産生了極爲重要和廣泛的影響力。除了繼續在軍事、政治、外交等方面發揮重要作用和影響之外，《孫子兵法》還廣泛用於經濟、教育、商業、體育等各個領域，哈佛大學商學院甚至要求學生記誦《孫子兵法》的某些章節，以備日後經商之用。對我們普通人而言，通過《孫子兵法》來瞭解孫子的軍事思想，然後將其靈活轉化、應用，也足以給我們的學習、工作、生活帶來巨大的幫助。

《道德經》

春秋末年，天下戰爭頻仍，周朝守藏室之史老子棄官歸隱，騎青牛來到函谷關。官令尹喜求其寫下五千言，隨後西行，不知所蹤。《道德經》含有深刻的東方哲學思想，至今仍是人們認知宇宙與人生的經典，也被稱爲「玄而又玄」的學問。老子並非首倡尋找萬物總規律的人，從伏羲氏就認爲宇宙的一切總有一個根源，他沒有辦法用文字來說明，所以一畫開天，叫做「象」。那麼，把握規律就稱爲「執象」。由於執象依然有迷茫，於是才有老子破象而立道。但是，「道」究竟是什麼？老子說：「道可道，非常道」。他認為衹有「致虛極，守靜篤」，「清靜無為」才能顛覆性地掌握變化中的規律。現在人類的物質文明已獲得了高度發展，但是人類並沒有獲得幸福感，人類執迷於「有」，一再忽視老子的提醒「有生於無」。《道德經》於今人依然是最為實用的經典，它可以重新梳理外在所有因素的趨勢，可以重新建立整體行動的框架，可以從身體的修真來鏈接萬物，由此來突圍今天人類的多重困境。

《鬼谷子》

他隱於世外，卻操縱天下格局；他的弟子出將入相，左右著列國的存亡，推動著歷史的走向。這個人因此被尊為「謀聖」，他就是鬼谷子。鬼谷子其人，神秘莫測，關於他的身世，眾說紛紜。相傳他隱居在雲夢山鬼谷，所以自稱鬼谷先生。他門下弟子孫臏、龐涓，都是用兵打仗的能手；另外兩個弟子蘇秦、張儀，憑三寸之舌推行合縱連橫之術，收到的奇效抵得上千軍萬馬。這樣的奇人留下的一本奇書——《鬼谷子》。該書原文衹有五千多字，卻是縱橫家流傳至今為數不多的代表著作之一，論述縱橫捭闔的秘訣。比如其中「欲取先予」的處世哲學，擴散開來就包含了很多個維度：從戰場上臨強示弱、扮豬喫老虎，到營銷上滿減贈送的優惠項目，再到投資領域的賭徒心理，都跟這四個字分不開。如果衹是把《鬼谷子》當成運用謀略、揣摩人心的教科書，就低估了其價值。書中還包括軍事、政治方面的知識，甚至還有養生的學問。《鬼谷子》包羅萬象，是先秦諸子學中的一顆璀璨明星。

《莊子》

莊子貌似窮困潦倒，但是他卻因精神超拔而早已名聲在外。楚威王曾派人來聘請他做官，只見他正坐在河邊悠然垂釣。莊子卻指著水裏搖著尾巴游泳的烏龜，對使者說：「與其做一隻被宰殺後供奉起來的神龜，不如像它一樣自由自在。」莊子是戰國時期道家學派的代表人物，繼承了老子「無爲」的哲學思想，並且在宇宙觀、社會德用和養生氣論上均有推進。他所認爲的自由，是無所憑依的，是順其自然的。正如鯤鵬變化，扶搖直上九萬里，這才是逍遙的境界。莊子又借小蟲、小鳥之口嘲笑大鵬，反映了淺陋之人難以領悟大道的真諦。然而大鵬畢竟要禦風而行，相比之下，無所憑依的風才是絕對自由的象徵。在別人眼中，窮困潦倒是苦，莊子卻以不受名利的牽累爲樂。如果我們在工作和生活中遇到了一時過不去的坎兒，不妨用《莊子》化解內心的睏頓與焦慮，用「忘我」乃至「無我」的大智慧，用遨游天際的視野，面對現實的世界。

《世說新語》

年輕人必定向往「惟大英雄能本色，是真名士自風流」的生活，所以他們不會錯過一本被魯迅先生稱爲「名士教科書」，被今人叫作「名人酷生活實錄」的精選集。這本書記載了東漢末年到魏晉期間一批名士的言行。何爲名士？泛指知名人士，特指恃才自傲、不拘小節的牛人。因爲學者們的集體喜愛，特向國家教育管理機構推薦該書，進入中小學生的必讀書目。它就是《世説新語》。

沉浸書中，我們將置身於一個比現在更重視「顔值」的時代，領略魏晉名士們如何「一生不羈放縱愛自由」；嵇康、阮籍、劉伶們敏捷的才思、優雅的舉止、曠達的胸懷，甚至種種狂放怪異的言行，無不彰顯著自然率真的性情，彰顯著處於青年時代的中華文明那昂揚湧動著的生命力。我們可以品味到它的語言之美、生活之美、哲思之美，更能夠從中找尋到自己内心未被喚醒的詩意與對現實的超越。

《千字文》

《千字文》是一篇奇文，其問世充滿了傳奇色彩。梁武帝喜歡王羲之的書法，就命人從王羲之的真跡中找出一千個不同的字來教子孫識字、練字，卻因雜亂難記，而沒有取得太好的效果。梁武帝就找來員外散騎侍郎周興嗣，讓他將這些字編成一篇通俗易懂的文章。周興嗣花了一整夜時間，編撰出一篇條理清晰、引經據典的韻文，不但文采超然，而且上至天文，下及地理，中曉人和，將各種知識熔爲一爐，實爲一部生動的小百科全書。周興嗣也因用腦過度，導致一夜之間鬚髮皆白。由於漢字簡化、異體字合併，所以現在《千字文》並不是一千個不同的漢字了。儘管如此，也無損其文采。作爲傳統啟蒙讀物，《千字文》的影響力延續至今。胡適從五歲開始念「天地玄黃，宇宙洪荒」，直到他當了十年教授，還在回味這兩句話，可見《千字文》義理之妙。我們可以從中感悟中國古老的宇宙觀，體會古人修身的規範和原則，讚歎燦爛的歷史文明，在恬淡的心境中安然自處。

《百家姓》

說起姓氏，人們熟悉的是成書於北宋初年的《百家姓》，它是我國流行時間最長、應用範圍最廣的蒙學教材之一，與《三字經》《千字文》併稱爲「三百千」。雖然《百家姓》的內容沒有文理，但讀起來朗朗上口，易學易記，可以讓孩子認識漢字，也可以指導孩子們的日常生活，建立好的生活習慣。慎終追遠，姓氏可以讓孩子們瞭解祖先的血脈延續，積累和傳承家族文化。從遺傳基因學上形成華夏民族的血脈相連與共同認知。光宗耀祖，詩書繼世，是中國農耕社會的優良傳統。姓氏文化在中國五千年多年的文明史中擔當重任，戰國時期的《世本》，較早地記載了從黃帝到春秋時期天子、諸侯、大夫的姓氏、世系、居邑，但是這本書到宋朝就失傳了。總之，要想瞭解中國源遠流長的姓氏文化，《百家姓》是一本必備的簡易入門書籍。「書香傳家」系列的《百家姓》，不但介紹了每個姓氏的由來，還列舉了各個姓氏的名人，兼具知識性與趣味性。

《容齋隨筆》

上過學的人都知道筆記的重要性，然而老師講的課是一樣的，學生的筆記卻各不相同。現在學霸的筆記備受推崇，因爲展現了他們卓越的學習方法和對知識的思考。古代文人記筆記的習慣由來已久，魏晉南北朝就有常璩的《華陽國志》、干寶的《搜神記》、劉義慶的《世說新語》等名作，這些筆記小說大多是見聞隨筆，或從書中摘錄片段的合集。唐宋以後，歷史掌故、辯證考據類的筆記多了起來。《容齋隨筆》爲南宋大才子洪邁（號容齋）耗時四十年整理而成，一共分爲五部分，有七十四卷，含一千二百多則，歷史掌故、典章制度、社會風俗、天文曆算、文學藝術，無不涵蓋，特別是歷史人物、歷史事件相關的內容，考證十分詳實，議論頗有見地，還糾正了不少經史中的錯誤，是宋人筆記中內容最豐富、學術價值最高的一部。《容齋隨筆》是一本國學百科全書，當成學霸的筆記來讀也未嘗不可，一方面可以增長見聞，一方面可以領悟讀書的方法，並以此爲博覽經史原典的敲門磚。據史料記載，偉

人毛澤東生前非常喜愛閱讀此書，直至離世前仍由工作人員爲其閱讀該書部分內容。

《三字經》

在中國傳統的啟蒙書籍中，《三字經》必然是最經典的一部，幾乎人人都熟悉開頭那兩句——人之初，性本善。這三字一句的形式，很具備兒歌的特點，易於誦讀和記憶。《三字經》雖短卻精，且內容十分豐富，將歷史、天文、地理、道德等方面的知識和大量典故融彙串連在一起，堪稱是一部極簡版的中國文化「小百科全書」，因此有「熟讀《三字經》，可知千古事」的說法。《三字經》從誕生之日起就大受歡迎，廣爲流傳，與《百家姓》《千字文》併稱中國傳統蒙學三大讀物。

讀《三字經》可以發現，書中不但歸納總結了許多古代的文化常識，還告訴人們應當勤學好問、尊師重道、謙恭禮讓等人生的道理，體現了積極向上的精神，雖已暢行千百年，卻歷久彌新，在當今時代仍然具備知識性和實用性的國學入門的作用，可以給人們以簡易的知識和正向的力量。

《傳習錄》

曾有人給出過這樣的評價，中華上下五千年，能「立德、立功、立言」三不朽的聖人，衹有兩個半：孔子、王陽明，曾國藩只算半個。孔子，至聖先師，無人不知；曾國藩，湘軍首領，中興名臣。而王陽明，最讓人熟悉的莫過於「知行合一」「心外無物」的「陽明心學」了。想要瞭解孔子，可以讀《論語》；想要瞭解曾國藩，可以讀《曾國藩家書》；想要瞭解王陽明，自然要讀《傳習錄》。《傳習錄》之名取自《論語》中曾子的話：「吾日三省吾身，爲人謀而不忠乎？與朋友交而不信乎？傳不習乎？」由此可見，想要讀懂《傳習錄》，需要具備一定的儒學經典的基礎。作爲儒家作品，《傳習錄》的核心自然也是明德至善，知行一體。而王陽明所提出的「知行合一」則是強調了要知善同時行動，即理論與實際的踐行。因此，讀《傳習錄》，能夠得到的最大收穫就是在日常的工作生活裏，摒棄外界的干擾，修養自己的良知，做到問心無愧，持之以恒。曾經做過三家世界五百強CEO的日本企業家稻盛和夫，就將陽明心學內化爲企業經營之道。

《了凡四訓》

命運是一個很神奇的東西。有的人認爲「命由天定」，但也有人堅信「我命由我不由天」。明朝學者袁了凡十七歲時因爲一位算命先生的話而深陷「宿命論」，直到三十七歲時在雲谷禪師的開導下醍醐灌頂、頓悟至理，確定了「命由我作，福自己求」的立命之道，此後數十年，袁了凡堅持行善、積極進取，最終「逆天改命」。「父母之愛子，則爲之計深遠」的舐犢之情，晚年的袁了凡有感於自己一生的經歷，給兒子寫下了《了凡四訓》，全書通過立命之學、改過之法、積善之方、謙德之效四個部分，講述了如何依靠後天努力來「修福改命」。晚清名臣曾國藩對《了凡四訓》極爲推崇，他讀過之後給自己改號爲「滌生」，並說：

「滌者，取滌其舊染之污也；生者，取明袁了凡之言，『從前種種，譬如昨日死；從後種種，譬如今日生也。』」讀《了凡四訓》，讓你領悟命運真相，明辨善惡標準，堪稱人生必讀的智慧之書。

《紅樓夢圖詠》

相信讀過《紅樓夢》的人，一定都會被書中那些性格鮮明、栩栩如生的人物所打動，甚至對他們傾注或愛或憎的情感，大有恨不相識的遺憾。或許你會想，這些人物應該是怎樣的形象，比如什麼是「似蹙非蹙罥煙眉」，怎樣算「似喜非喜含情目」，「唇不點而紅，眉不畫而翠」會是什麼樣的美。那麼，有沒有人根據原著的描寫，捕捉人物的特點從而描繪出他們具體的形象呢？當然，爲《紅樓夢》創作的繪畫作品其實有很多，其中的《紅樓夢圖詠》是紅樓繪畫史上水平較高、名氣也較大的一部。這是一部木版畫集，共繪製了通靈寶玉、絳珠仙草、警幻仙子、寶玉、黛玉、寶釵、元春、探春、湘雲、妙玉、王熙鳳等共約五十幅插圖，以高超的版畫技藝，展現出畫作者改琦作品的神韻，所繪形象傳神，線條流暢。如其中黛玉一幅，便以弱不禁風的身姿，刻畫出人物「閑靜時如姣花照水，行動處似弱柳扶風」的氣質。

《芥子園畫譜精品集》

顧愷之、吳道子、張擇端、唐伯虎、齊白石等畫壇巨匠，留下了大量傳世名作。他們無不技藝精湛，卻也都是從零基礎開始學習的。每個人的學習途徑或許不同，如果有一套人人都能看懂的簡明教程，國畫技藝

就會更容易讓普通人掌握。比如齊白石大師，原本是雕花木匠，二十歲那年在顧主家無意間看到一本叫《芥子園畫譜》的書，覺得書中循序漸進的講解非常實用，讀過一遍就對繪畫有了一定的理解。所以，即使說白石老人的繪畫藝術之路最初起步於此書，也並不為過。此外，任伯年、黃賓虹、傅抱石等繪畫大家也曾用心研習此書。「芥子園」是清初名士李漁（號笠翁）在金陵的別墅，《芥子園畫譜》最初就是在李漁的主持下，由王概、王蓍、王臬三兄弟編繪而成的。本書具有完備的體例，對用筆、寫形、佈局等繪畫的基礎技法做了詳盡的講解和展示，解析了歷代名家的特點，匯集了前人的畫論精華，從問世至今，一直是學習國畫的必修教材。

《中國京劇經典臉譜》

「臉譜化」這個詞，現在一般用來批評藝術作品塑造人物簡單化和概念化。然而與此相反，這恰是「臉譜」這一藝術形式的優點，使其能夠貼合傳統戲曲的表現方式。臉譜，是中國戲曲中特有的化妝藝術，通過按照一定譜式勾畫出的圖案造型來突出角色的性格、身份、年齡、品質等特徵，已形成一些相對固定的代表性顏色，如紅色的代表忠勇、正直；黑色的代表勇猛、直爽；白色的代表奸詐、狠毒；藍色的代表剛強，驍勇；黃色的代表凶暴、沉著，這與歌曲《說唱臉譜》的詞很一致：「藍臉的竇爾敦盜御馬，紅臉的關公戰長沙，黃臉的典韋、白臉的曹操，黑臉的張飛叫喳喳。」因此，臉譜具有「辨忠奸、寓褒貶、別善惡」的功能。《中國京劇經典臉譜》一書收錄的臉譜作品，是在漫長的歲月中逐漸演變、完善進而固定的藝術形象，每一幅都構圖精巧，色彩絢麗，筆法細膩，是不可多得的藝術珍品。

創作者孫世良先生是中國著名京劇劇作家、京劇臉譜藝術家翁偶虹先生的再傳弟子，北京市非物質文化遺產傳承人，就職於國家京劇院藝術中心，爲專業京劇臉譜畫家。

集

《楚辭》

《楚辭》的語言文字可以美到什麼程度？光是書中「茂行」「陸離」「微歌」「嘉月」這類典雅的人名，就足已令人驚艷了。《楚辭》的夢幻世界可以有多浪漫？有青衣白裳、箭指西北的東君，他是掌管太陽的神；還有與日月齊光的雲中君，他是飄渺的雲神。衆神都有人的情感，或泛舟江上，或歡聚宴飲，或幽怨哀傷。楚辭的產生，離不開楚國從「荊蠻」發展到「楚霸」的歷史條件，長江流域的巫覡文化，與中原地區的禮樂文化相交融，就有了生機勃勃的楚文化。《楚辭》是中國文學史上第一部浪漫主義的詩歌總集，獨創一體，別具一格。全書以屈原的辭賦爲主，其餘各篇承襲屈原作品的形式，運用楚地的文學樣式、方言聲韻，故名《楚辭》。梁啟超說：「吾以爲凡爲中國人者，須獲有欣賞《楚辭》之能力，乃爲不虛生此國。」《楚辭》展現了以屈原爲代表的愛國精神、豪邁氣魄和浪漫情懷，因此熟讀《楚辭》，能培養書生俠氣，能讓我們一生受益。

《唐詩三百首》

璀璨大唐三百年，最具代表性的事物是什麼？是天可汗唐太宗李世民？是中華文明的巔峰開元盛世？還是一代女皇武則天？都不是，最能代表璀璨大唐的事物就是唐詩。在唐詩中你能感受到大唐盛世兼容並包的絕代風華，那裏有王勃從容浩蕩的英氣，有李白綉口吐出的巍峨之氣，有李賀苦吟的不羈之氣。在唐詩中你能領略到大唐的厚重，大唐的筋骨，那裏有杜甫的低沉恢弘之氣，有樂天自在的千百鮮明之氣，有邊塞狂歌的狷狂凜冽之氣。聞一多先生認爲：「一般人愛說唐詩，我卻要講『詩唐』，『詩唐』者，詩的唐朝也，懂得了詩的唐朝，才能欣賞唐朝的詩。」在唐詩中感受大唐，以詩教來熏習和浸染，觸摸到文化的江山，讓胸懷變得更寬廣更博大。不讀唐詩，無法面對優秀的古人，不知道東方情感之由來，亦不能精準表達自己的情感。

《宋詞三百首》

形成於唐，盛極於宋，前與唐詩爭奇，後與元曲鬥艷，是宋代文學最有代表性的成就，這種文體就是「宋詞」。可以說，有一定文化基礎的中國人都知道宋詞，也都可以不經意間脫口而出一二佳篇名句。如充滿豪情時，可以說「想當年，金戈鐵馬，氣吞萬里如虎」；心懷憂愁時，可以說「這次第，怎一個愁字了得」；陷入相思時，可以說「酒入愁腸，化作相思淚」。似乎每一種情緒，在宋詞中都已經有了完美的表達。如何更好地領略宋詞的精彩？《全宋詞》中收錄了一千三百餘位詞人的作品近兩萬餘首。顯然，通讀這麼多的作品並不現實，那麼優秀的選本便會大受歡迎。《宋詞三百首》就是這樣的選本。三百首不多，可以很快通讀；三百首不少，可以兼收各個時期、各個派別的眾多名家名作。這本《宋詞三百首》，囊括宋詞精華，讀後可以感悟宋詞之美，並初步瞭解宋詞的概況；所選皆爲名篇，便於背誦，有助於古典文學修養的提高，使自己不論言談還是寫作都更有氣質。

《唐宋八大家集》

提起「唐宋八大家」，很多人會問：「爲什麼沒有李白、杜甫、白居易？爲什麼沒有柳永、陸游、辛棄疾？」因爲這八個人代表了唐宋時期散文的最高水準，而非詩詞。我們都知道，唐朝是詩歌的黃金年代，而沒有體裁和題材方面的創新，就不會湧現出那麼多不朽的傑作。白居易提出「文章合爲時而著，歌詩合爲事而作」的口號，倡導「新樂府運動」。與之相呼應的正是韓愈、柳宗元倡導的「古文運動」，他們同樣強調寫文章要言之有物。「言之有物」看似容易，我們上學時，語文老師講作文的時候就一再強調這一點，可是文筆不好就詞不達意，文筆太好又總是變著法地運用修辭、引用典故、堆砌辭藻，顧此失彼，文章難免會「金玉其外，敗絮其中」。「唐宋八大家」的文章，推崇先秦諸子和《史記》《漢書》，一掃六朝辭賦的艷俗與空洞，沖破四六駢偶的程式和窠臼，文章形式雖然復古，但是內容推陳出新，很接地氣，是老百姓讀得懂的古文，完美展現了中華文化的「文質彬彬」。這八位文曲星就是：韓愈、柳宗元、歐陽修、王安石、蘇洵、蘇軾、蘇轍、曾鞏，他們都有驚天地、泣鬼神的千古文章傳世。

《小窗幽記》

互聯時代來臨，世人莫不在加快節奏追逐社會步伐，關於生活的本真、人生的目的，人們實在難以顧及。有一部書，用它雋永的文思，淡雅的文字，指引你爲人處世，開導你在平淡中領略人生，它就是《小窗幽記》。「花繁柳密處，撥得開，才是手段；風狂雨急時，立得定，方見腳根」這是勸誡成功者的良藥；「情最難久，故多情人必至寡情。性自有常，故任性人終不失性」這是冷靜處事的心思。「興來醉倒落花前，天地即爲衾枕；機息忘懷磐石上，古今盡屬蜉蝣」這是過來人燈火闌珊處的迴眸。

明代陳繼儒以其豐富的經歷、遠博的思想、高峻的修養撰得《小窗幽記》這部奇書，將修身、立德、爲學、致仕、立業、治家、養生的全部智慧和原則融入此書，文字跳脫愜意，格調超拔，以小喻大，充滿了諧趣與真知。面對人生，作者給出的答案還將久久的流傳下去，那就是「時光，濃淡相宜，人心，遠近相安。流年，長短皆逝。浮生，往來皆客。」

《納蘭詞》

他是文武俱佳的翩翩公子，他是康熙皇帝御下一等侍衛，他是才華橫溢的傷心詞人。他，就是「清詞三大家」之一的納蘭性德。納蘭文武兼修，十七歲入國子監，十八歲考中舉人，二十二歲康熙賜進士出身。深受康熙帝賞識，多隨駕出巡。三十一歲英年早逝。納蘭性德二十四歲時將詞作編選成集，名爲《側帽集》，又著《飲水詞》。後人將兩部詞集增遺補缺，共三百四十九首，合爲《納蘭詞》。「今古河山無定據。畫角聲中，牧馬頻來去」是對山河流逝的慨嘆；「山一程，水一程，身向榆關那畔行，夜深千帳燈」是長途行軍中軍士的苦悶；「被酒莫驚春睡重，賭書消得潑茶香，當時只道是尋常」是失去妻子的丈夫回憶與亡妻昔日美好的酸楚；「西風多少恨，吹不散眉彎」展現的是深情男子的無盡哀思。

儘管清詞成就比不上宋詞，但也在文學史上留下了自己獨特的印記。清詞代表《納蘭詞》，不僅在清代詞壇享有很高的聲譽，而且在中國文學史上也佔有光彩奪目的一席。翻開《納蘭詞》，走近這位傳奇男子的一生，去體味，去發現，清詞怎一個「真」字了得。

《曾國藩家書》

有學者説：「五百年來，能把學問在事業上表現出來的，祇有兩人：一爲明朝的王守仁，一則清朝的曾國藩。」曾國藩作爲集政治家、戰略家、理學家、文學家、書法家等於一身的晚清名臣，因官居高位而無暇著書立説。不過，他寫給家人的大量家書，就成爲瞭解曾國藩的第一手資料，同時也是瞭解清末社會狀況的寶貴史料。家書，即家人之間來往的書信。在古代，家書是離家在外的人與家中親人的主要聯係方式之一。家書可簡可繁，可以只表達思念及關切之情，也可以暢敘經歷及感觸，通常都很真實，沒有虛假客套。《曾國藩家書》中收錄了曾國藩寫給祖父、父母、叔父、兄弟、子女等不同人的書信，其政治理念、治軍思想、

治學修身、治家教子、處世交友等也都在其中得到了充分的體現。這些內容使這部《曾國藩家書》除了具備史料價值，還是一部生活處世的實用寶典，對我們的日常生活也有可資借鑒的意義和價值。

《人間詞話》

「最是人間留不住，朱顏辭鏡花辭樹。」作爲民國時期最爲著名的國學大師之一，能夠寫出這樣優美的詞句，對王國維來説實在不算稀奇；相較於他的詞作，《人間詞話》才是真正讓他在廣大文藝青年心中「封神」的傑作。就算是沒有看過《人間詞話》的人，也能隨口説出「古今之成大事業、大學問者，必經過三種之境界」。作爲中國文藝理論里程碑式的作品，《人間詞話》首次將西方美學思想融入到中國古典詩詞

的點評中，你能想象，這樣一本薄薄的小冊子竟然蘊含著康德、叔本華的整套美學體系？更爲重要的是，在這本書中，王國維融會貫通，提出並建立了獨特的文藝理論體系，並成功勾起了廣大文藝愛好者們對於古典詩詞的興趣，很多人就是從這本書開始，成爲文學家、學者和文藝批評家的。如果你也對古典文學特別是古典詩詞感興趣，那麼一定要讀一讀這本《人間詞話》。

圖書在版編目（CIP）數據

中國京劇經典臉譜 / 孫世良繪 ；崇賢書院編譯. --北京 ：北京聯合出版公司，2016.5（2022.3重印）
（書香傳家）
ISBN 978-7-5502-7706-9

Ⅰ. ①中… Ⅱ. ①孫… ②崇… Ⅲ. ①京劇－臉譜－中國－圖集 Ⅳ. ①J821.5-64

中國版本圖書館CIP數據核字(2016)第107222號

ISBN 978-7-5502-7706-9

崇賢館微信

書名 中國京劇經典臉譜
著作者 孫世良 繪 崇賢書院 編譯
出品人 趙紅仕
責任編輯 管 文
出版發行 北京聯合出版公司
地址 北京市西城區德外大街83號樓9層
郵編：100088
策劃經銷 近道堂
印刷 吴橋金鼎古籍印刷廠
字數 一百一十千字
開本 宣紙八開
印張 十七點七五
版次 二〇一六年五月第一版
二〇二二年三月第二次印刷
標準書號 ISBN 978-7-5502-7706-9
定價 陸佰捌拾圓整（一函兩册）